Abenteuerliche Mutgeschichten zum Lesenlernen

Abenteuerliche Mutgeschichten
zum Lesenlernen

Noch mehr Geschichten für Leseanfänger*innen:
Neue Lieblingsgeschichten zum Lesenlernen
Spannende Piratengeschichten zum Lesenlernen
Freche Pferdegeschichten zum Lesenlernen

Sonderausgabe
Veröffentlicht im Carlsen Verlag
Mai 2020
Antje Schwenker: Anton fährt Traktor

Illustrationen: Christian Zimmer
Dagmar Hoßfeld: Immer Ärger mit dem Maulwurf!

Illustrationen: Sigrid Leberer
Christian Tielmann: Max ist ein Vampir

Illustrationen: Sabine Kraushaar
Umschlaggestaltung: formlabor
Corporate Design Taschenbuch: bell étage
ISBN 978-3-551-31917-3

Inhalt

Anton fährt Traktor

Eine Geschichte von Antje Schwenker
mit Bildern von Christian Zimmer

Immer Ärger mit dem Traktor

Anton wirft seinen 

auf die vor dem 

und läuft zu  Hans.

Mit einem  in der 

steht der neben dem alten  .

„Was ist es diesmal?“, fragt Anton.

„Die Zapfwelle“, stöhnt  .

„Gib mir mal die 

und den großen  !“

Anton mag es, neben  zu sitzen

und  zu fahren.

Nach der Schule rattern sie oft

gemeinsam über die .

Der Bruder von Anton heißt Steffen.

Er ist schon 16.

Gerade hat er seinen

-Führerschein gemacht.

Den hätte Anton auch gerne.

Anton holt ein Bund  ,

das in einem  liegt.

Er geht zum .

Sein Aurora sieht ihn

mit großen  an.

Es hat ein weißes, weiches Fell.

„Keine passende !“,

schimpft  hinter dem .

„Anton, bringst du mir mal

die , bitte!“

„Wie schnell fährt der  ?“,

fragt Anton mit der  in der .

„Na, so 30 Kilometer pro Stunde

ohne  “, meint .

Sein blauer  sieht heute

ziemlich dreckig aus.

„Diese 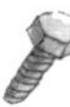 passt, oder?“, sagt Anton.

„Volltreffer!“  strahlt

über das ganze .

Leserätsel

Was repariert Opa Hans?

- [ ] ein Burgtor
- [ ] ein Fußballtor
- [ ] einen Traktor
- [ ] ein Garagentor

Und womit repariert er?

- [ ] mit Hammer und Zange
- [ ] mit Schraubenzieher und Hammer
- [ ] mit Schraubenschlüssel und Zange

Wie schnell fährt der Traktor?

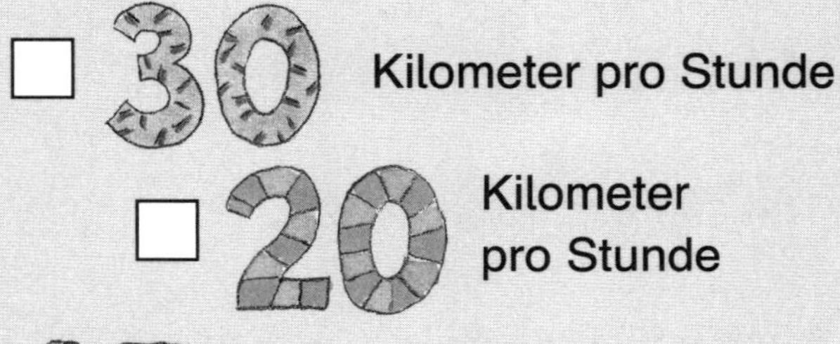

☐ 30 Kilometer pro Stunde

☐ 20 Kilometer pro Stunde

☐ 15 Kilometer pro Stunde

Welches Kaninchen ist Aurora? Kreise ein!

Kaninchen in Gefahr

Anton hilft , das Werkzeug

in die  zu packen.

„Nun wollen wir mal sehen,

ob der  wieder fährt“, sagt .

Er setzt sich hinter das ,

dreht den  um,

löst die Handbremse

und rollt

langsam los.

„Komm, steig auf!“,

ruft 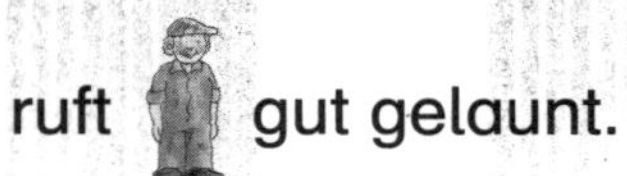 gut gelaunt.

Anton klettert hinter das .

Sie fahren am  vorbei

und um den großen .

Anton passt genau auf,

wann  das Gaspedal

und die Bremse benutzt.

In der Ferne hört man die Sirene

eines .

„Hans, ein Notfall!“, ruft Antons Mutter.

„Komm ans  , schnell!“

 hält sofort an.

Er dreht den  um

und springt mit Anton vom  .

„Bin gleich wieder da!“,

ruft er und verschwindet im .

Doch was ist das?

Plötzlich rollt der 

ganz langsam los.

Genau auf den  zu!

„Aurora!“ ist Antons erster Gedanke.

Schnell rennt er zum  .

„Steffen! Steffen!“, ruft er.

„Der  ! Er rollt

auf den  zu!

 hat die Handbremse

nicht angezogen!“

Leserätsel

Löse das Kreuzworträtsel:

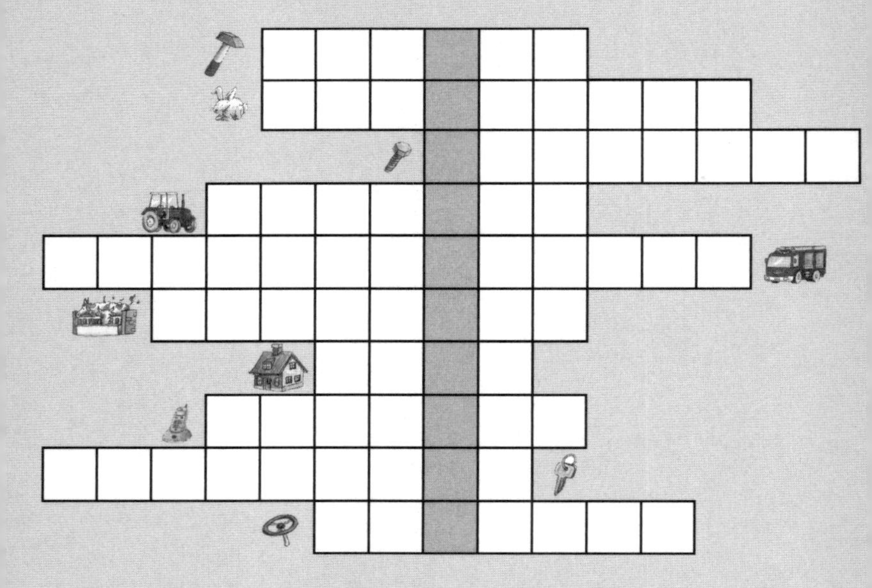

In den bunten Feldern ergibt sich ein Lösungswort:

__ __ __ __ __ __ __ __ __ __

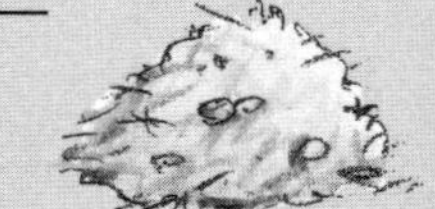

Opa Hans und Anton wollen aufs Feld fahren. Zeige ihnen den richtigen Weg!

Rettung in letzter Sekunde

Aus dem  kommt keine Antwort.

Anton rast zum .

Er öffnet die 

und scheucht die  raus.

Aurora nimmt er auf den .

Der  rollt immer näher!

Steffen kommt mit der 

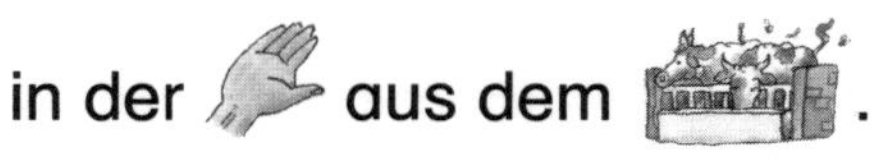

in der  aus dem .

In seinen Ohren stecken die 

seines MP3-Players.

Anton reißt ihm die  vom .

Er zeigt auf den .

Schnell springt Steffen

hinter das 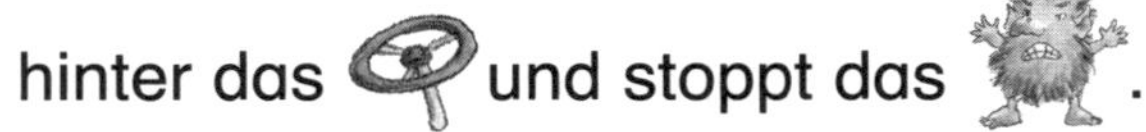 und stoppt das .

Inzwischen ist auch  da.

„Oh nein“, stöhnt er.

Das  ist platt wie eine .

„Da haben wir aber Glück gehabt.

Du hast toll reagiert, Anton!“

 wuschelt Anton

kräftig durch die  .

Im ist er ganz weiß.

Fast so weiß wie Aurora.

„Mist! Die 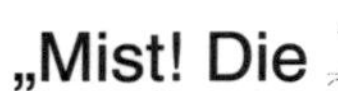 !“,

ruft Anton aufgeregt.

Eilig fangen , Anton und Steffen

die verschreckten  ein.

„Zur Belohnung darfst du

eine Runde [Traktor] fahren!“,

sagt [Bauer] und grinst.

„Steffen setzt sich neben dich.

Hier ist der [Schlüssel].

Aber kein Wort zu eurer Mutter.

Um das platte [Beet]

kümmere ich mich später.“

Und schon sitzt [Bauer]

auf der [Bank].

Glücklich klettert Anton auf den 

und setzt sich hinter das .

Plötzlich ist der 

gar kein  mehr.

Anton dreht den  um.

Vorsichtig tritt er auf das Gaspedal.

Am Anfang ruckelt der ,

aber dann klappt es ganz gut.

Langsam fährt Anton

am  entlang.

„Das machst du nicht schlecht“,

ruft  stolz.

Anton grinst zufrieden.

Am steht Paula.

Sie ist Antons beste Freundin.

Paula traut ihren kaum:

Anton fährt !

Wörterliste

 Ranzen

 Bank

 Haus

 Opa

 Schraubenschlüssel

 Hand

 Traktor

 Zange

 Hammer

 Felder

 Möhren

 Korb

 Kaninchenstall

 Kaninchen

 Augen

 Schraube

 Werkzeugkiste

 Anhänger

 Overall

 Gesicht

 Lenkrad

 Schlüssel

 Kuhstall

 Misthaufen

 Feuerwehrauto

 Telefon

 Tür

 Arm

 Mistgabel

 Kopfhörer

 Kopf

 Monster

 Blumenbeet

 Briefmarke

 Haare

 Zaun

Infoseite

So sieht ein Traktor aus:

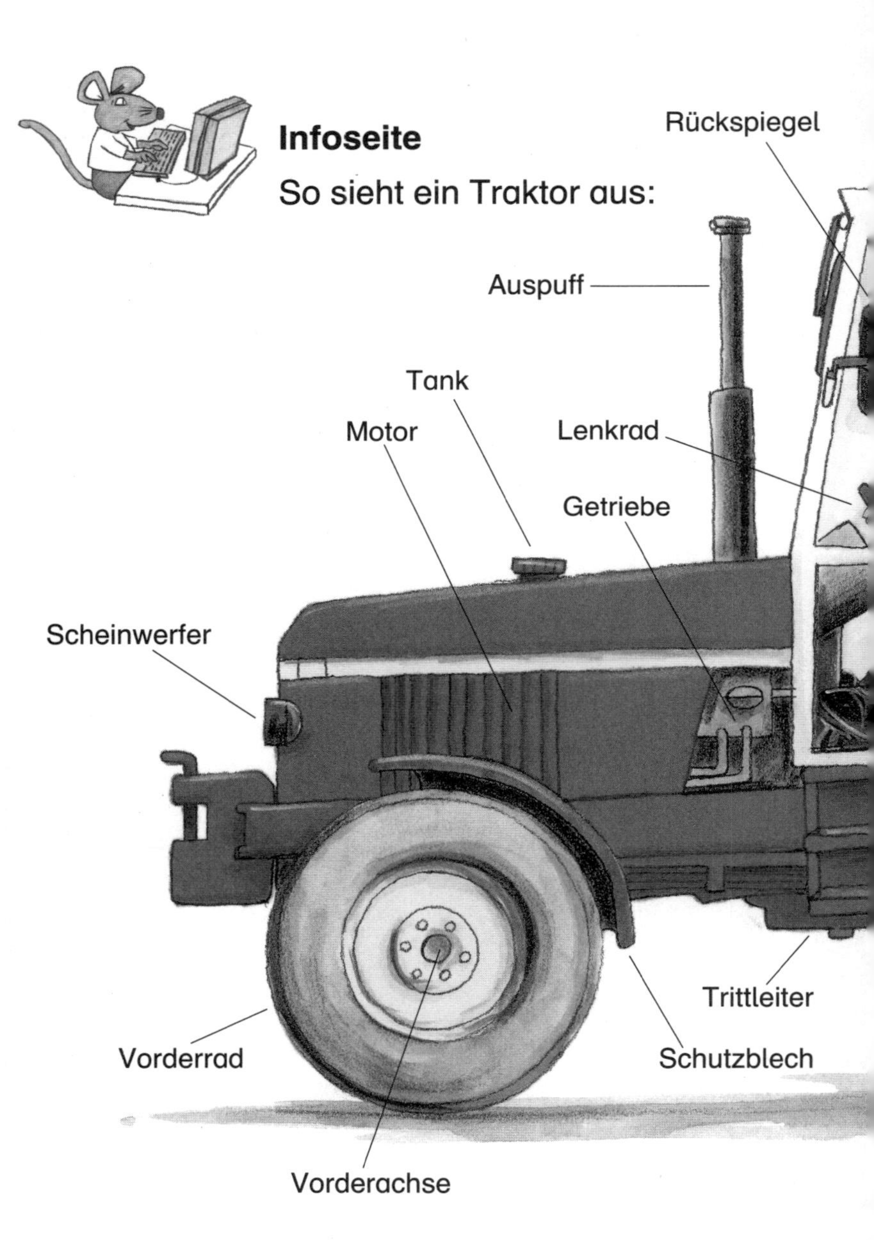

Tür
Kabine
Anhängerkupplung
Zapfwelle
Hubwerk
Hinterrad
Hinterachse

SOS

Immer Ärger mit dem Maulwurf!

Eine Geschichte von Dagmar Hoßfeld
mit Bildern von Sigrid Leberer

Das gibt Ärger!

Mia und Max spielen ⚽ .

Mia holt aus und schießt.

Der ⚽ knallt

gegen einen 🌳 .

Dann schießt Max.

Der ⚽ fliegt über den Zaun .

„Ach du Kack!“, sagt Mia.

„Oh nein!“, stöhnt Max.

Nebenan wohnt Herr Schmitt.

Jeden Tag zupft er

und anderes Unkraut.

In die zieht Herr Schmitt

mit einer gerade Linien.

Den  holt er

jeden zweiten Tag

aus dem .

Der  liegt zwischen

dem  und dem 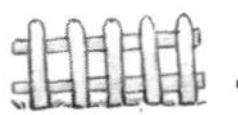 .

Zum Glück ist er nicht

in den  gelandet.

Herr Schmitt wird schnell wütend.

Das wissen Mia und Max.

Er mag es nicht, wenn

in seinen Garten fliegen.

Mia will über den [Zaun] klettern

und den [Ball] holen.

Da hört sie Herrn Schmitt

schon schimpfen.

Wie eine [Kuh] meckert er.

„Was ist das denn? Das darf ja

wohl nicht wahr sein!“

Leserätsel

Wohin fliegt der Fußball?

- ☐ in den Baum
- ☐ zum Mond
- ☐ in den Nachbargarten
- ☐ nach Ibiza

Wie heißt der Nachbar von Mia und Max?

- ☐ Herr Schulz
- ☐ Herr Griesgram
- ☐ Herr Geizkragen
- ☐ Herr Schmitt

Das Maulwurfslabyrinth

Welcher Maulwurf hat welchen Haufen gemacht? Zeichne die richtigen Wege ein.

Maulwurfalarm

Mia und Max verstecken sich.

Hinter dem kann man

sie nicht sehen.

Aber Herr Schmitt schimpft nicht

über ihren .

„Ein !“, schreit er.

„Mitten auf meinem !“

Sein Gesicht ist rot wie eine .

„Da ist noch ein “,

flüstert Max.

„Hinter dem .“

„Da auch!“ Mia hat einen 

am entdeckt.

Auch Herr Schmitt hat

die anderen  gesehen.

Er geht in seinen .

Mit einem  in der 

kommt er wieder heraus.

Auf dem  steht groß

das Wort „Petroleum“.

„Nein!“, ruft Max.

„Das darf er nicht!“

Mia hält Max am  fest.

Herr Schmitt dreht sich um.

Er zieht die kraus.

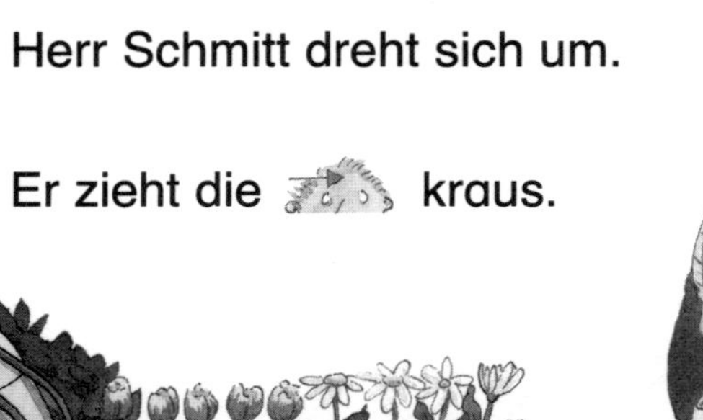

„Was hat er vor?“, fragt Mia.

„Er will bestimmt das Petroleum

in den gießen“,

antwortet Max.

„Der arme  !“ Mia erschrickt.

„Das ist verboten“, weiß Max.

„  stehen unter Naturschutz!“

„Wir müssen was tun“, sagt Mia.

„Aber was?“, überlegt Max.

Leserätsel

Was will Herr Schmitt in den Maulwurfshaufen gießen?

- [ ] Benzin
- [ ] Öl
- [ ] Petroleum
- [ ] Wasser

Weißt du, was Maulwürfe fressen?
Male alle Felder mit einem Punkt aus.

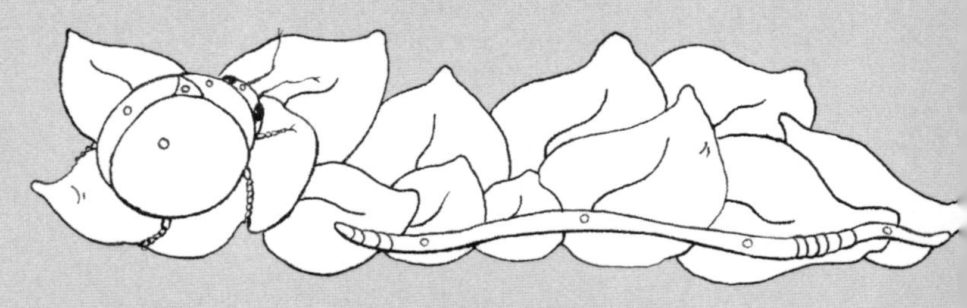

Hier sind sieben Dinge versteckt,
die es in Herrn Schmitts Garten gibt.
Kannst du alle finden?

V	J	F	M	A	U	L	W	U	R	F	Y	N	I	X	J
G	T	V	X	N	V	H	J	U	A	L	K	J	H	G	F
H	A	R	K	E	I	J	K	F	S	A	S	D	F	G	H
Z	U	H	G	F	D	S	M	R	E	P	O	I	U	Z	T
X	Y	I	R	E	T	M	B	F	N	P	U	E	A	V	Z
M	E	Z	L	K	J	H	G	F	D	B	L	U	M	E	N
F	K	A	N	I	S	T	E	R	L	K	J	H	G	F	D
V	N	U	O	I	U	Z	S	O	T	E	A	K	W	T	R
Z	N	N	Q	W	E	R	T	S	C	H	U	P	P	E	N

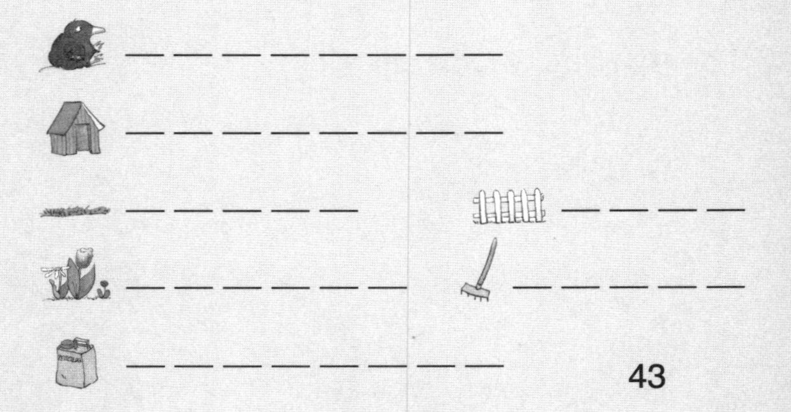

Ein unerwarteter Besuch

Herr Schmitt stellt den  ab.

Er schraubt den  auf.

Vor dem  hält ein  .

Auf der  steht ‚Gartenverein‘.

Zwei  steigen aus und klingeln.

Verärgert schraubt Herr Schmitt

den  wieder zu.

Er geht zur  .

„Und nun?“, fragt Max.

 leben nur da,

wo die Natur in Ordnung ist.

Das haben Mia und Max in Papas

schlauem  gelesen.

„Er darf ihm nichts tun“, jammert Mia.

„Wir könnten den doofen 

verstecken“, schlägt Max vor.

Sie klettern über den .

Mia hebt den  auf.

Max will den  nehmen,

da hören sie Stimmen.

„Hinter den , los!“, flüstert Mia.

Herr Schmitt kommt aus dem .

Die beiden  folgen ihm.

„Ein schöner Garten“, sagt die eine.

„Sogar einen  gibt es.

Wie wunderbar! Manche Leute

verjagen die  mit dem .

Oder vergiften sie!“

Herr Schmitt wird knallrot.

„Herzlichen Glückwunsch,

Herr Schmitt! Für den Erhalt

natürlichen Lebensraums

erhalten Sie den 1. Preis."

Die andere schüttelt

Herrn Schmitt die .

Er bekommt einen

und eine .

Mia und Max grinsen.

„Den ollen 

braucht er jetzt nicht mehr“,

freut sich Max.

„Bestimmt nicht“, sagt Mia.

„Der  ist gerettet!“

Wörterliste

 Fußball

 Baum

 Zaun

 Löwenzahn

 Beete

 Harke

 Rasenmäher

 Schuppen

 Blumen

 Fußbälle

 Ziege

 Strauch

 Maulwurfshaufen

 Rasen

 Tomate

 Kanister

 Hand

 T-Shirt

 Stirn

 Maulwurf

 Maulwürfe

 Deckel

 Haus

 Auto

 Autotür

 Frauen

 Haustür

 Buch

 Spaten

 Frau

 Pokal

 Urkunde

Infoseite

So wohnt der Maulwurf

Die Wohnung des Maulwurfs ist eine rundliche Höhle, von der aus er viele Gänge gräbt. Ein Maulwurfsbau besteht aus sechs verschiedenen Teilen.

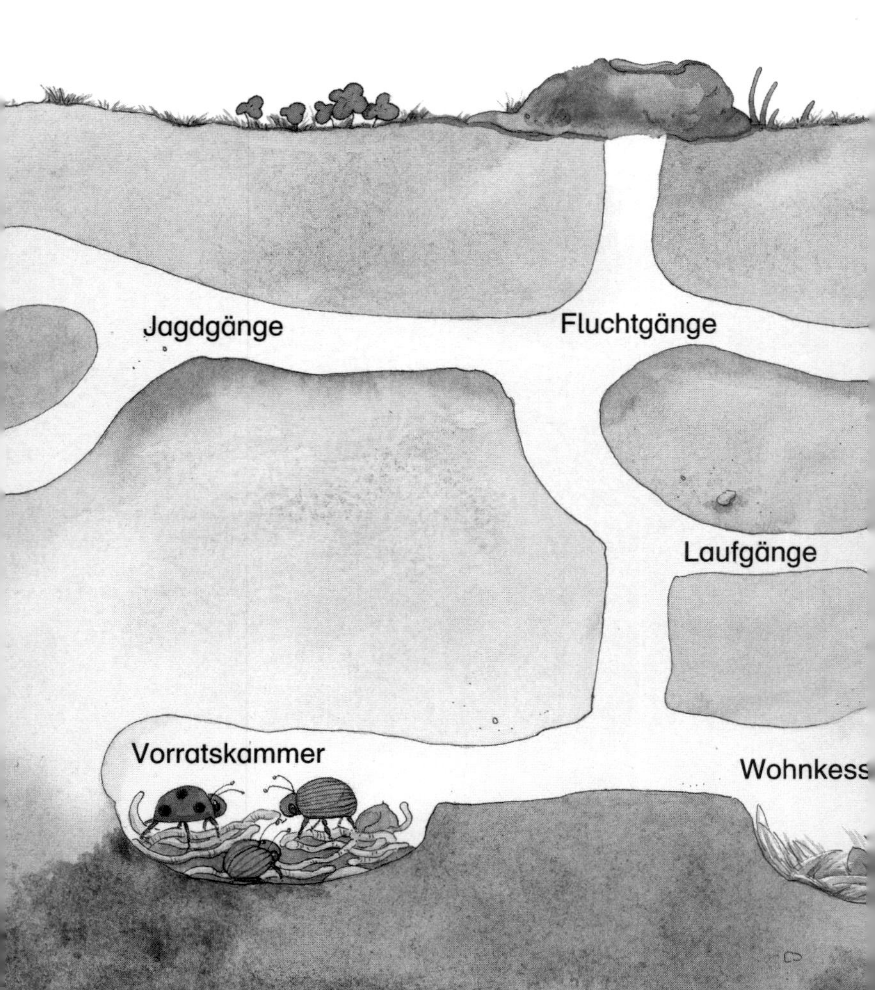

Tränke

Max ist ein Vampir

Eine Geschichte von Christian Tielmann
mit Bildern von Sabine Kraushaar

Die Einladung

Max bekommt einen 

von seinem Freund Jakob.

Es ist eine Einladung.

Jakob feiert einen Grusel-Geburtstag.

Max soll sich verkleiden.

Max verdreht die 👀.

„Da lachen ja die 🐔!“

Jakobs Geburtstage sind immer

langweilig.

Die Mutter von Jakob holt nämlich

immer ihre  und singt.

Das wird bestimmt nicht gruselig!

Aber Max ist kein Spielverderber.

Er will sich als  verkleiden.

Er zieht einen  an,

eine schwarze 

und einen schwarzen .

Seine Mama schminkt sein

Gesicht weiß.

Mit Schminke malt Max sich

rote Tropfen unter den .

Das soll das Blut sein.

Und er holt seine .

Die sind aus Plastik,

sehen aber echt aus.

„Du bist ja so blass, Max“, sagt Papa.

„Leg dich lieber ins .“

Aber Mama lacht.

„Max ist fit wie ein !

Er ist nur ein  !“

Max schaut in den Spiegel.

Er ist zufrieden.

Ganz schön gruselig sieht er aus!

Leserätsel

Warum hat Max keine Lust
auf den Geburtstag von Jakob?

☐ Jakobs Mutter raucht Zigarre.

☐ Jakobs Mutter hat eine Knarre.

☐ Jakobs Mutter spielt Gitarre.

Als was verkleidet sich Max?

Max geht als _ _ _ _ _ _ _ .

Was braucht Max für sein Kostüm?

Ergänze die fehlenden Buchstaben!

Einen schwarzen P __ L L __ __ __ __ .

Einen roten U __ H __ __ __ .

Eine schwarze H __ __ __ .

Ein weißes G __ __ __ C H __ .

Seine weißen Z __ H __ __ aus Plastik.

Ein gruseliger Geburtstag

Zu Jakobs Geburtstag kommen

auch andere  .

Pauline ist als  verkleidet.

Sie hat sich ein Kissen als Buckel

unter den  geschoben.

Sie hat einen  in der Hand.

Und sie trägt einen bunten 

und ein altes  .

Dörte ist ein  .

Jakob ist ein .

Sein Gesicht ist grün angemalt.

Sein ist lila

und er hat dunkle Ringe um die .

Seine sind rosa!

Max findet den Geburtstag trotzdem

langweilig.

Sie essen .

Sie geben Jakob ihre .

Dann holt Jakobs Mutter ihre 

und singt.

Das geht Max auf den .

Aber Pauline hat eine tolle Idee.

„Wir machen eine Geisterbahn

und erschrecken Jakobs Eltern!“

Sie suchen sich gruselige Sachen.

Pauline holt ein paar .

Max leiht sich die .

Dörte holt sich eine .

Sie machen es ganz dunkel

im Wohnzimmer.

Jakob leuchtet mit einer  .

Max kriecht unter den  .

Pauline steht hinter der 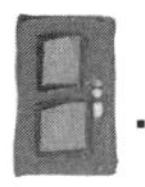 .

Hinter dem  liegt Dörte.

Und Jakob klettert auf den  .

„Ihr könnt kommen, wenn ihr euch

traut!“, ruft er.

Seine Eltern kommen in das Zimmer.

Leserätsel

Wer hat sich als was verkleidet?
Verbinde jede Person mit dem richtigen Kostüm!

Was wollen die Kinder machen?

- ☐ Einen Kleisterhahn.
- ☐ Eine Geisterbahn.
- ☐ Einen weißen Schwan.
- ☐ Einen Meisterkran.

Wie kommen Jakobs Eltern durch die Geisterbahn?

Die Eltern gruseln sich

Pauline fängt an

mit den  zu klappern.

Max macht schaurige Geräusche

auf der  .

„Setzt euch auf das !",

ruft das  vom  .

Jetzt faucht der  unter dem  .

Das  kitzelt die Eltern

mit der im Nacken.

Und das  leuchtet wild

mit der herum.

Jakobs Eltern reißen vor Schreck

die auf.

Und sie machen sich vor Angst

fast in die .

„Hilfe!“, flüstert Jakobs Mutter.

„Könnt ihr bitte wieder Licht machen?“,

fragt Jakobs Vater.

„Ihr Angst-!“, rufen die 

wie aus einem .

Jakob zündet eine an.

Sein Vater holt ein dickes .

Er setzt seine  auf.

„Jetzt wollen wir mal sehen,

ob ihr nicht auch Angst- seid“,

sagt er.

Jakobs Mutter zündet

noch mehr  an.

Jakobs Vater liest aus dem  vor.

Jakobs Mutter macht dazu Geräusche

auf der .

Die Geschichte wird so spannend,

dass Max plötzlich aufs muss.

Die anderen halten sich

die zu.

„War das gruselig genug?“,

fragt Jakobs Vater.

„O ja“, sagt Dörte.

„So ein schöner  geburtstag“,

sagt Jakob am Abend.

„Schön gruselig“, sagt Pauline.

„Ich wünsche mir zu meinem

Geburtstag auch etwas Gruseliges“,

sagt Max.

„Was denn?“, fragt Dörte.

„Etwa eine ?“

„Oder ein gruseliges ?“,

fragt Jakob.

„Nein! Viel gruseliger!“, sagt Max

und grinst.

„Eine [guitar pictogram].“

Wörterliste

 Brief

 Zähne

 Augen

 Bett

 Hühner

 Turnschuh

 Gitarre

 Kinder

 Vampir

 Hexe

 Umhang

 Besen

 Hose

 Rock

 Pullover

 Kopftuch

 Mund

 Gespenst

 Monster

 Haare

 Kuchen

 Geschenke

 Wecker

 Töpfe

 Vogelfeder

 Taschenlampe

 Tisch

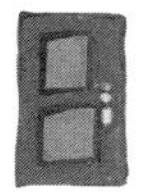 Tür

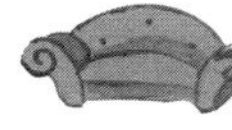 Sofa

 Schrank

 Hasen

 Kerze

 Buch

 Brille

 Klo

 Ohren

Infoseite

Wie man sich als Vampir verkleidet:

Es ist gar nicht schwer,

wie ein echter Vampir auszusehen.

Max macht es dir vor:

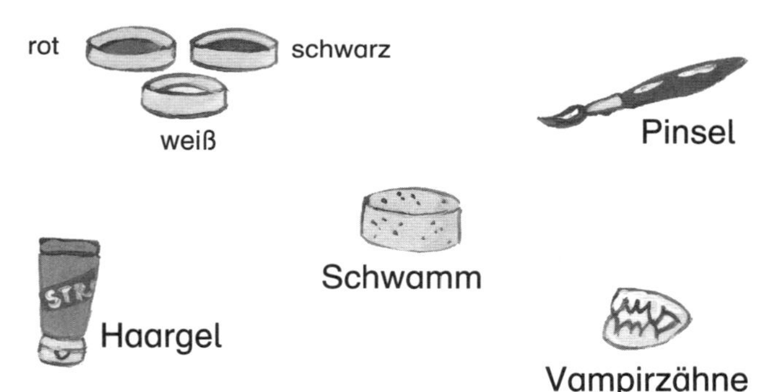

Die Haare mit viel Haargel zurückkämmen.

Mit dem Schwamm das Gesicht weiß schminken.

Die Lippen mit dem Pinsel rot ausmalen.

Vampirzähne einsetzen und rote Tropfen

auf das Kinn tupfen.

Die Augenbrauen schwarz malen.

Fertig ist der Grusel-Vampir!

Lösungen
Anton fährt Traktor

S. 12/13:

Opa Hans repariert einen Traktor.
Er repariert mit Hammer und Zange.
Der Traktor fährt 30 Kilometer pro Stunde.

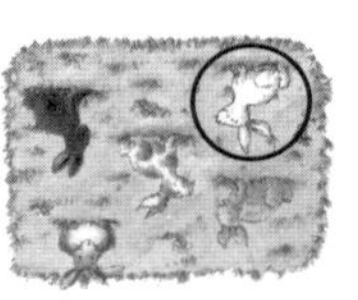

S. 18/19:

Lösungswort: MISTHAUFEN

Lösungen
Immer Ärger mit dem Maulwurf

S. 36/37:

Der Fußball fliegt in den Nachbargarten.

Der Nachbar heißt Herr Schmitt.

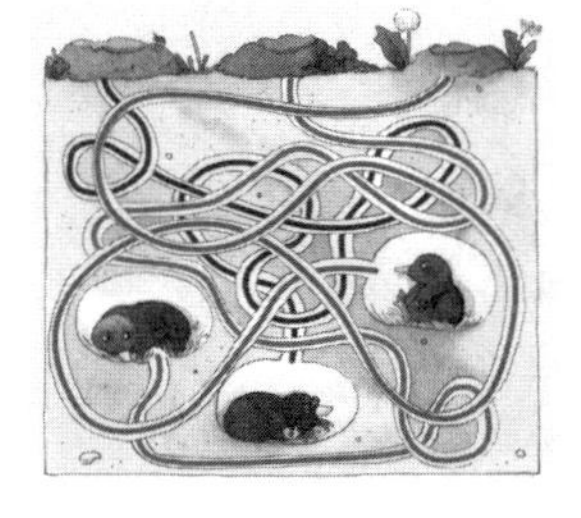

S. 42/43:

Petroleum

Maulwürfe fressen Regenwürmer und Käfer.

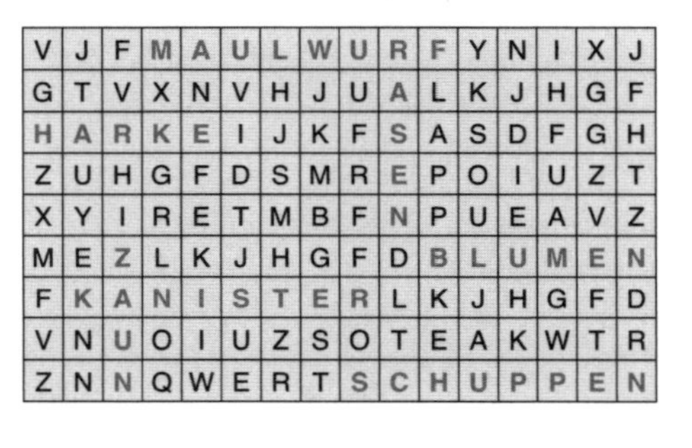

V	J	F	M	A	U	L	W	U	R	F	Y	N	I	X	J
G	T	V	X	N	V	H	J	U	A	L	K	J	H	G	F
H	A	R	K	E	I	J	K	F	S	A	S	D	F	G	H
Z	U	H	G	F	D	S	M	R	E	P	O	I	U	Z	T
X	Y	I	R	E	T	M	B	F	N	P	U	E	A	V	Z
M	E	Z	L	K	J	H	G	F	D	B	L	U	M	E	N
F	K	A	N	I	S	T	E	R	L	K	J	H	G	F	D
V	N	U	O	I	U	Z	S	O	T	E	A	K	W	T	R
Z	N	N	Q	W	E	R	T	S	C	H	U	P	P	E	N

Lösungen
Max ist ein Vampir

S. 60/61:

Jakobs Mutter spielt Gitarre.

Max geht als VAMPIR.

Für sein Kostüm braucht Max:
einen schwarzen PULLOVER, einen roten UMHANG, eine schwarze HOSE, ein weißes GESICHT, seine weißen ZÄHNE aus Plastik.

S. 66/67:

Hier siehst du, wie die Kinder sich verkleidet haben:

Die Kinder wollen eine Geisterbahn machen.

Der richtige Weg durch die Geisterbahn:

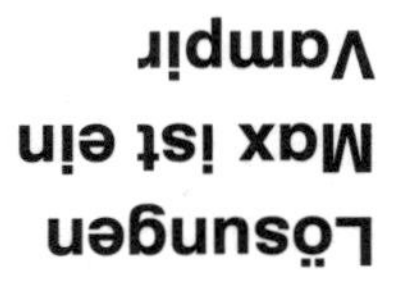